くり返し読みたい高僧の名言

監修　武山廣道
（臨済宗　白林禅寺住職）
画　臼井治

はじめに

本書は、飛鳥・奈良時代から昭和時代を生きた名僧をはじめ、日本仏教の源流となった中国仏教者の言葉を集めた本です。

時代の荒波に揉まれながら、欲にとらわれずに自己を見つめ、自由な心で生きようとした僧侶たちの言葉は、今の時代を生きる私たちに多くのことを教えてくれます。

高僧たちの名言を読み進める中で、一度きりの人生、いかに今を輝かせて生きればいいかを、あらためて考えてみませんか。

美しい日本画とともに、高僧が生きた時代に思いを馳せながら、心和やかに生きるための心得をつかんで頂けたら幸いです。

目次

第二章　仕事がうまくいく言葉

第三章　迷いがすっと解決する言葉

第四章　心がふっと軽くなる言葉

第五章　力が湧いてくる言葉

第一章
人間関係がラクになる言葉

いつも和やかな態度で接する

ただ正《まさ》に、やわらかなる容顔《ようがん》をもって、一切に向かうべし
（道元／日本曹洞宗の開祖）

「どのような場合でも柔和な態度ですべての物事に接しなさい。周りを幸せにしたいという利他《りた》の心を持ち、人に優しく接しなさい」と道元は述べています。利他とは人への思いやりです。困っている人がいたら、自分の手を止めて、すぐに手を差し伸べてあげましょう。相手が喜べば、自分もいい気持ちになります。

普段から人に親切にすることを心掛けましょう。その奥底に豊かな人間性があってこそ、あなたの優しさが相手にも伝わるのです。その人柄が周りを引き寄せ、幸せに満ちた人生を運んでくれるでしょう。

無垢な心でいけば、うまくいく

不生《ふしょう》
（盤珪《ばんけい》／臨済宗の僧）

生まれたばかりの赤ちゃんは、笑ったり泣いたりするのに表裏がありません。泣く時も笑う時もいつも一生懸命で、心のままに感情を表します。しかし大人になると、世間体や立場、損得勘定などで自分の心を素直に表現することが難しくなってしまいます。

皆が生まれながらに持っている「仏心《ぶっしん》」は、一切の物を超越した清浄無垢なもの。だからこそ、生まれたままの無垢な心をもってすれば、すべてのことが上手に調《ととの》うのだと盤珪は説いています。まずは相手に無垢な心で向き合ってみる。それを心掛ければ、自然に関係も築かれていくのです。

多くのものを望まない

少欲知足《しょうよくちそく》を学びて、心《こころ》やすかるべし
（無住《むじゅう》／臨済宗の僧）

心穏やかに生きるためには、「少欲知足」を学びなさいと無住は説きます。

「欲は生きるために最低限必要な欲求にとどめなさい。常に自分の立場をわきまえて、今に満足することを心掛けなさい。人の苦しみや悩みは、すべて欲によって生じるもので、その欲は上を見たら際限がありません。欲は、足ることを知らないために起こるのです」。

これは人づき合いにも言えることです。自分本位に相手に過度な期待をしてしまうと、相手は負担に感じて、心が離れていってしまうもの。

まずは、自分の欲望を自制して、与えられた現実を素直に受け入れることからはじめましょう。必要最小限のもので満足する心が養われていけば、周りに対しても自然に「ありがたい」という寛大な気持ちになれるものです。

湧き上がる感情に振り回されない

己《おの》が心の喜怒哀楽、起こる源《みなもと》是れ何ぞ、眼耳鼻舌身《げんにびぜつしん》使ふ主《ぬし》

（白隠《はくいん》／臨済宗中興の祖）

私たちは、いつも五感から得た情報で物事を見極めようとします。しかしそれによって目先の情報に惑わされて、喜び、怒り、哀しみ、楽しみといった感情に振り回されてしまうことも多いのではないでしょうか。

人間は皆、苦悩や欲望を抱えています。しかし、その湧き上がる感情の本質を冷静に見つめ、正しく判断していかなければ、心が安定することはありません。日々の生活の中で葛藤をくり返し、人間の完成に近づこうとたゆまない努力を続けることで、やがて立派な人格が形成されるのです。

分かったつもりが人の心

心得《こころえ》たと思うは、心得ぬなり。心得ぬと思うは、心得たるなり
（蓮如《れんにょ》／浄土真宗の僧）

「分かったと思う人はよく分かっていないもの。自分はまだよく分かっていないと思う人の方が、本当はよく分かっているものです。理解すれば、矛盾や疑問点が見えますが、理解したつもりの人は疑問さえ持ちません」。

この蓮如の教えは、人づき合いにも通じること。相手との関係がしっくりこないのなら、謙虚に相手を信頼して状況を聞いてみることです。それによって、自分の気持ちが伝わりますし、相手の心も少しラクになります。

蓮如は、「分かった」と思う時こそ、自分は十分に分かっていない愚かな身だと自覚して、今一度謙虚になることが必要だと教えてくれています。

頭がいいから馬鹿になれる

知りて知らざれ、還《かえ》りて愚痴《ぐち》なれ
（一遍／時宗の開祖）

「悟るためには、今まで得た膨大な知識や学問は役に立ちません。表面的な知識や知恵など、悟りのためにはむしろ邪魔にしかならないのです。たとえ知っていても自慢せず、何も知らなかった頃の自分に還りなさい。賢い人も馬鹿になって、念仏を唱えなさい」。との言葉です。

馬鹿になるとは損得勘定を忘れるということです。そして人づき合いでも損得勘定を

忘れることが、人間関係を円満にする秘訣だと一遍は言っています。

自分の立場や教養をひけらかさずに、誰彼となく親しく接することができれば、周りにとって親しみ深い存在となるでしょう。

そうやって、相手に合わせる度量を持てば、他人との無意味な対立が避けられ、人のために力を発揮することができるのです。

周りに振り回されない、静かな心

もの一目《ひとめ》見て、その心止めぬを不動と申し候《そうろう》
（沢庵《たくあん》／臨済宗の僧）

沢庵は宮本武蔵や柳生宗矩《やぎゅうむねのり》に剣の極意を説いたとの伝説があり、禅の境地から剣道を論じた人です。また、この言葉は、不動明王の無明《むみょう》や、煩悩《ぼんのう》に動揺しない堅固な智慧《ちえ》「不動智《ふどうち》」を説いたものです。

私たちは何かを見た瞬間、すぐに心がとらわれます。色々な感情が湧き上がって動揺してしまうのです。その時に、何をなすべきかという自分の役割が分かっていれば、問題の原因に手を回して、解決に動くこともできるはずです。「不動」本来の意味は、他者の刺激に関わらず自由な発想で行動すること。日常から人に心を乱されないコツをつかんでいきましょう。

役割に応じた、自分らしい生き方がある

人は「阿留辺幾夜宇和《あるべきようわ》」という七文字を持つべきなり

（明恵《みょうえ》／華厳宗《けごんしゅう》の僧）

「人には生まれ持った性格や能力があり、境遇があります。人それぞれの、あるべき姿に徹して生きることが大切なのです」。

明恵はそれを平仮名のもとになる漢字を使って「阿留辺幾夜宇和《あるべきようわ》」という七文字に表しました。夫は夫としてのふさわしい振る舞い、妻は妻の、子どもには子どものあるべき姿がある。この姿に背いてしまうのが、諸悪の根源である、という考え方です。

それぞれの役割のあるべき姿を規範に、近づくための努力をして生きることが理想です。そして今の自分らしいあるべき姿を見つけましょう。

どんなものにも情けを持つ

上《しょう》をうやまい、下をあわれみ、
生あるもの、鳥獣《とりけだもの》にいたるまで、
情《なさ》けをかくべき事
（良寛《りょうかん》／曹洞宗の僧）

「目上の人には敬意をはらい、目下の人を可愛がって、鳥や獣をはじめ、生命あるものすべてに優しく接しなさい」という意味。これは、晩年の良寛が身を寄せた木村家の娘が嫁ぐ際に、父親に頼まれて書いた嫁の心得の一つ。仏法をふまえた良寛ならではの考え方が示されています。

良寛は日がな一日、子どもと遊んでいるような穏やかな人柄で、常に謙虚だったとい

います。人は自分の嫌いな人や劣っている相手には、距離を置いたり優越感を持ったりしがちですが、それを恥じなさいと良寛は言います。そういった心は自分を汚し、醜いものにするだけなのです。
　常に他者との調和を求め続けた良寛。この言葉は、「人が人を思いやり、生きとし生けるものに愛情を注げるはずだ」と信じる良寛の温かい心に満ちています。

互いに助け合って、生きていく

我は人を助け、人は我を助け、互い互いに助け救い、助けて共に甘露《かんろ》の妙薬をなめる
（鉄眼道光《てつげんどうこう》／黄檗宗《おうばくしゅう》の僧）

「身分や財力の上下なく、お互いに助け合い、一緒に仏法の素晴らしさを味わって、共に授けられた生命を生きていこう」と説いた鉄眼。

鉄眼は、恵まれない人々に布施《ふせ》する心を忘れない人でした。『大蔵経《だいぞうきょう》』の刊行を目指して資金を集めるも、大阪が大洪水に見舞われた時には、その資金を惜しげもなく放出し、米を買い求めて多くの難民を救っています。鉄眼の行動は、大名から庶民まで広範な支援者を得ました。志を成し遂げようとする時には、周りと助け合う姿勢が大切だと教えます。

人の喜びが自分の幸福に繋がる

人のために火をともせば、我がまへあきらかなるがごとし

（日蓮／日蓮宗の宗祖）

「人のために灯をともしてあげれば、自分の前も明るくなるようなものである」という意味。これは、日蓮が晩年を過ごしていた身延山《みのぶさん》へ、食料を布施してくれた信者へのお礼の手紙にあった言葉です。

人の痛みに共感し、助けるという行いは、その人が喜ぶことによって、自分自身の喜びにもなります。苦しんでいる人へ手を差し伸べることは大切で、時には自分の利益など考えずに人に施すこと。その功徳《くどく》が巡り巡って、やがては自分のもとに返ってくるということを伝えています。人と共存するためには、「お互い様」と助け合うことが大切なのです。

いつも変わらず、堂々と

晴れてよし曇りてもよし富士の山
もとの姿は変わらざりけり
（山岡鉄舟《てっしゅう》／政治家・思想家）

「人は富士山を見て、晴れた時には美しいと言い、曇っている時には見栄えが悪いと言いますが、それは見ている人が勝手にそう思うだけで、富士山は晴れた時でも曇った時でも同じ姿をしています」。

これは、幕末の徳川家に仕えた身でありながら、敵対勢力の明治天皇の臣下となった鉄舟の言葉。当時、いわれのない中傷に苦しみながら、鉄舟がたどり着いた境地です。

人は褒められると舞い上がり、けなされると腹を立てます。しかし、自分の価値は、他人の言動によって上下するものではありません。他人の言動に振り回されることは愚かなことです。そんな移ろいやすいものに気を取られていても仕方がありません。
どんな状況であろうとも、自分の価値を見失うことなく、富士山のように堂々としていたいものです。

※山岡鉄舟は、出家した禅僧ではないが臨済宗の発展に貢献し居士号も授けられている。秀でた居士は禅僧をもしのぐほどの力量を保持していたと言われており、鉄舟もその一人であることは間違いない。逸話も多い人物なので本書では紹介した。

一生懸命、生き切る

請う、其の本《もと》を務めよ
（慧玄《えげん》／臨済宗の僧）

寝て、食べて、働いて、遊ぶ。それこそが、私たちがシンプルに為《な》すべき本分です。また、誰もが親や子、伴侶、友人としての役割や責任を求められます。職場や町内会などの共同体では、自らの責任でやらなければならないことも数多くあるでしょう。それら一つ一つと向き合って、悩み苦しみながら、一生懸命に生きることこそが大事だと慧玄は教えます。

まずは、今日一日をかけがえのない時間として、大切に生き切ってこそ、その瞬間が輝きます。その結果として、苦しい中においても、充実した日々を過ごそうという覚悟が湧いてくるのです。

人の短所は指摘せず、自分の長所も自慢しない

人の短《たん》をいふ事なかれ、己が長《ちょう》をとく事なかれ
（空海／真言宗の開祖）

「人の短所を軽率に指摘してはいけません。無遠慮に指摘することは、相手を侮蔑《ぶべつ》することに繋がります。また、自分の長所を誇らしげに自慢してもなりません。人にした施しや善行は意識をせず、驕《おご》り高ぶらないように。逆に人から施しを受けた場合は、その感謝をいつまでも忘れないこと」。

空海はこのように説き、出会う人すべてを味方に変えていきました。

周りに敬意を払い、自分は謙虚に。そんなシンプルな在り方が豊かな人間関係を築くコツだといえるでしょう。

こだわりや見栄を取っ払おう

過《あや》まれるを改める善の、
これより大きなるは無し
（慈円《じえん》／天台宗の僧）

「自分の過ちに気づき、それを改めること以上の善行はない」という慈円の言葉です。

誰にでも失敗はあるものです。その際に自分の過ちとして反省して、改善策を考えられるかどうかが、その後の成長を左右します。

状況や時代の変化によって、以前は正しいとされた自分のやり方が間違いになることもあるでしょう。それが間違いだと気づいた時、現実を

認めるのは、難しいことかもしれません。ただ、過ちを知りながら、そのままにしておけば、ますます傷口を広げてしまうことにもなりかねません。

　立場やプライドを捨てて、自分の過ちを素直に認めて改めることが、賢い心の持ち主だと慈円は言います。失敗した時こそ、私たちは本当の勇気や強さを試されるのかもしれません。

日本仏教の宗派は？

現在、日本の代表的な十三宗派は奈良仏教系の法相宗（道昭）・律宗（鑑真）・華厳宗（審祥）。平安仏教系の真言宗（空海）、天台宗（最澄）。法華系の日蓮宗（日蓮）。浄土系の浄土宗（法然）、浄土真宗（親鸞）、融通念仏宗（良忍）、時宗（一遍）。禅系の臨済宗（栄西）、曹洞宗（道元）、黄檗宗（隠元）。

日本全国に展開する七万七千もの寺院のほとんどが平安・鎌倉期に活躍した空海・最澄・日蓮・法然・親鸞・栄西・道元の七人の宗祖の教えに基づく宗派に属しています。

達磨（左上）、一休（右上）、空海（中央）、法然（左下）、親鸞（右下）

※文中の（　）内は、各宗派の開祖名

第二章
仕事がうまくいく言葉

死にものぐるいでやる

修行とは我《が》を尽くすことなり
（鈴木正三《しょうさん》／曹洞宗の僧）

徳川家の旗本として関ヶ原の戦いや大坂冬の陣などにも参戦した、侍出身の禅僧。戦場で生死のはざまをさまよい、死を超越しなければならなかった体験が、言葉にも表れています。

「我を尽くす」とは、表面的な自分を捨てること。尽くすという字は、「死」と同義語で、自分を殺すという意味を持ちます。一度死んだ気になれば、もう怖いものはありません。

個人的な感情やお金を得るためという損得から離れて、ただひたすらに仕事に打ち込むこと。そうすることで、精神も磨かれるのです。

知識だけでも意味がなく自己流でも危険

学んで思わざれば罔《くら》し。思うて学ばざれば殆《あやう》し

（天海／天台宗の僧）

徳川三代の懐刀《ふところがたな》として仕えた天海は、「知識を学んでも考えなければ意味がなく、考えのみで知識がないと独断に陥って危険である」と説きます。

本を読んだり、人から教えてもらうだけでは、知識は自分のものになりません。知識を自分に合うように取り入れないと、役に立たないものです。

また、内省を通した信仰心がなければ本当の意味で血肉にはなりません。

一方、知識を取り入れず、自分の考えだけで物事を判断するのも危険です。つい偏った見方をしてしまい、正しい結論を出す事ができません。

どちらかにとらわれることなく、心を自在にしておくことが大切なのです。

今しかない

更に何《いず》れの時をか待たん

（道元／日本曹洞宗の開祖）

道元が中国の禅寺で修行中のこと。道元が老僧に「あなたほどの人が食事を作るような雑用は、しなくてもよいのではないでしょうか。それよりもっと大事な坐禅修行に励むべきではありませんか」と言ったのに対して、老僧が「まさに食事を作ることが私の修行なのだ。今を外して、一体いつやればいいのだ」と答えました。この言葉で、道元は修行の何たるかを悟りました。

道元の言葉を借りれば、私たちの衣食住に関わる行動すべてが修行です。その時に自分に任された役割を他の人にさせては、自分の修行にはなりません。今ここで自分がやるべき事ができた時に、初めて修行をした事になります。

今しかないという気持ちで物事に当たるという姿勢があれば、困難に思える事も、きっと成就できるでしょう。

どれだけ思慮《しりょ》深く事に当たれるか

機に臨《のぞ》んで譲《ゆず》ること無く、事に当たって再び思う

（釈宗演《しゃくそうえん》／臨済宗の僧）

あなたに与えられた使命は、誰も替わることはできません。重要な仕事や役割が巡ってきた時は、できる限りの思慮を巡らせて、それに取り組み、よりよい結果を出すことが求められます。

自分から望んだことではなくても、こういった状況に置かれることはよくあります。そこで重要なのは、まずは逃げないこと。そして、大きな目的に向かって、どれだけ賢明な判断をして最善を尽くせるかです。

自分で苦労して努力したことは、すぐには結果として現れないかもしれませんが、必ず功徳となって返ってきます。

一つに集中するから、思いが叶う

一心不乱

（一遍／時宗の開祖）

一遍は妻子や俗人の生活を捨てて、各地を巡って念仏修行をしました。「欲や執着心から離れて、初めて悟ることができる」と念仏のみに生きることを選んで、時宗を開くまでになったのです。

このように、一つのことに集中して雑念を起こさないことを「一心不乱」と言います。その際は損得の心を捨てなければ、いくら熱心に励んでも物事を成し遂げることはできないと、一遍は言います。もし、あなたの前にうまくいっていない仕事があれば、雑念を捨てて一心不乱にやることでです。その熱意に周りの人も心動かされ、状況も大きく好転するでしょう。

まずは志を立てる

その道に入らんと思う心こそ
我が身ながらの師匠なりけり
（千利休／商人・茶人・僧）

茶道の心構えを教えた茶人・千利休の有名な言葉。

「何事もその道に入るには、学ぼうとする気持ちをしっかりと持つことが大切であり、自分で学ぼうとする心こそが上達への第一歩である」ということを示した言葉です。

何かを学ぶ時には、まずは自分で志を立てることが重要です。志を立てずにその道に入るのは、目的なしに旅を続けるようなものです。

自ら学ぼうとする意識を持てば、目標に対する今の自分の至らなさにも気づくことができます。すると切磋琢磨して自分を成長させる道のりや方法もつかめるようになるでしょう。

主体性を持って学ぶ姿勢こそが、あなたの心の師匠となり、行く道の先を照らしてくれるのです。

喜びも憂いも引きずらない

なに事もよろこばずまた憂《うれえ》じよ
（無住《むじゅう》／臨済宗の僧）

「多少の幸運や不運があっても有頂天になったり、落ち込み過ぎないように。幸か不幸、どちらに転ぶか分かりません。功徳天《くどくてん》と暗黒天はいつも連れだって歩いているのだから」と無住は述べています。

無住はこの言葉で仏教的な因果と不動の心を忘れないことを戒めています。物事には原因があれば必ず結果があります。同じ原因でもよい結果になるか、悪い結果になるかは縁によって異なり、表裏一体なのです。

だからこそ、結果に一喜一憂することなく気持ちを引きずらないこと、目先の禍福《かふく》にとらわれることのない境地に立つことが大切なのです。

勝とうではなく負けまいと思え

勝たんと打つべからず、負けじと打つべきなり

（吉田兼好／歌人・随筆家・僧）

「勝とうとして打ってはならない。負けまいとして打つべきだ。どの手を打てば早く負けるだろうと考えて、その手を使わずに、一目でも遅く負けるようなやり方をすべきだ」と『徒然草』の一節にあります。

仕事でも相手に勝とうと意気込んだ時は、負けた時の対策がおろそかになるものです。そのため熱意が空回りし、足元をすくわれてしまうこともあるでしょう。一方、負けるまいと思って戦う時は、負けを意識しているので、負けた時の心備えと対策に考えを巡らせることができます。それによって、自然と余裕が生まれ、その余裕が勝ちに繋がるというのです。

香車
歩兵

お茶を喫《の》んで肩の力を抜く

貴きかな、茶や

（栄西／日本臨済宗の開祖）

栄西は中国から日本に茶を伝えた『茶祖』として有名な僧侶で、この言葉は茶の効能を伝えています。その後に続く文言として、「特に茶の苦味は、五臓六腑《ごぞうろっぷ》の中でも重要な心臓に効果絶大だ。すべての臓器は、心臓が健康であれば、きちんと機能するのだから、まさに茶は万能薬なのだ」と強調しています。

ビタミンＣや血圧、血糖値を下げるカテキンが豊富に含

まれるお茶の効能は、現代医学でも裏付けされています。

また禅とお茶が切り離せないのは、坐禅の後、必ずお茶を喫《の》んで心の緊張をほぐすからです。

仕事で疲れた時は、一服のお茶で肩の力を抜いてみてはいかがでしょうか。心にゆとりができれば、いいアイデアも湧いてきます。また、他人を思いやる余裕がチャンスを引き寄せるのです。

生活の中で悟る

市中是道場

（空也／口称《くしょう》念仏の祖）

生涯どこの宗派にも属さずに民衆に仏教を布教することを重んじて、ひたすら念仏を唱えて諸国を遊行することを選んだ空也の言葉です。

「この世は苦しみに満ちていて、人生は苦しみと共に生きること。だからこそ、苦しみの中に身を投じることが真の修行である。今生きている間こそが、真の浄土に到達できる場所であって、貴重な時間なのだ。生活の中で苦しみながら悟ることに真実がある」と空也は考えていました。

道場は静かな場所にだけあるのではありません。今、自分が置かれている立場、状況こそ、そのまま自己を磨く道場なのです。

無心になれば乗り越えられる

心頭《しんとう》を滅却《めっきゃく》すれば、火も自《おの》ずから涼し
（快川紹喜《かいせんじょうき》／臨済宗の僧）

武田信玄の庇護のもと恵林寺《えりんじ》の住職をしていた快川は、天下統一を目指す織田信長軍の焼き討ちに遭います。その時、火中に坐禅を組んで、この辞世の句を残して恵林寺と運命を共にしたことで有名です。

この句は「心静かになるためには、必ずしも深山幽谷《しんざんゆうこく》である必要はない。外界の刺激に反応せず無心になれば、燃え盛る火でさえも涼やかである」と訳せます。没頭すれば暑さを忘れられるもの。暑さから逃れたいという迷いから解放された時に、苦しみも苦しみとは思わなくなります。

現実を受け入れ、そこに充実を求めることで、苦から解放されるのです。

成長に合わせた助言が大切

聖人の薬を投ずること、
機の深浅《じんせん》に随《したが》い、
賢者の説黙は時を待ち
人を待つ
（空海／真言宗の開祖）

空海は師弟関係を「父子よりも親しい間柄」だと記しています。空海は、日本で最初に設立した私立学校の綜芸種智院《しゅげいしゅちいん》で学んだ弟子たちに、高野山や東寺《とうじ》、神護寺《じんごじ》などの経営を任せるなど、組織的な適材適所を実践していました。

「人に教える時は、その人のことを理解し、成長に応じた助言を的確に与えなくてはならない」と、言っています。

仕事でも部下に助言する機

会は多々あります。ただ能力や仕事の進め方などには、人それぞれの個性があります。相手を尊重しながら、必要なことをタイミングよく伝えていかなければ、成長に繋がりません。自分の考えを押し付けるのではなく、相手に見合ったやり方を模索していく方が、早い成長が見込めるもの。また、人が変わるには時間が必要だと理解して、根気よく育成する姿勢も大切です。

学びは良い指導者を見つけることから

正師《しょうし》を得ざれば、学ばざるに如《し》かず

（道元／日本曹洞宗の開祖）

「何かを真剣に学ぼうと思うなら、最初に良い指導者を見つけなくてはならない。正しい師匠のもとでなければ、学んでないも同然だ」と訳せます。

道元が言う正師とは、言行《げんこう》が一致している人。独学ではなく、師匠から学んだ証拠を持っている人。格外の力量や風格がある人です。

人格の形成は、人との出逢いによるところが大きいもの。いい人生を送るためには、良い感化を受けることが大切です。生んだのは両親だけれど、人たらしめたのは師だと思える人に出逢えたら幸せです。人は志があれば尊敬する師に逢うことができ、生涯成長していけるものなのです。

女性僧侶の名言

鎌倉幕府の源《みなもとの》頼朝《よりとも》亡き後、幕府の実権を握った正室・北条政子《ほうじょうまさこ》が、承久《じょうきゅう》の乱の時に御家人に語った言葉を紹介します。

「源頼朝公の恩は、山よりも高く海よりも深い。※逆臣《ぎゃくしん》の※讒言《ざんげん》で道理の通らない上皇の命が下った。皆の者、すぐに逆臣を討って、三代の将軍たちの残した幕府を守り抜きなさい。ただし上皇に下りたいものは、すぐに申し出て上皇に下っても構わない」。

この言葉によって北条政子は、気性の荒い武士たちを見事にまとめ上げました。

そして御家人たちは幕府を守るために一丸となって上皇の軍と戦いました。その結果、幕府軍が勝利をおさめ、後鳥羽上皇は隠岐島へ流されることになりました。

「上皇の味方をしたいならば、私を倒していきなさい」という北条政子の強い意志が、多くの武士を動かしたのです。

このような活躍から、北条政子は「尼将軍」と称えられています。

※逆臣…君主に背く臣下
※讒言…他人を陥れるため、事実ではないことを目上の人に告げること

第三章
迷いがすっと解決する言葉

一つを選んだら一つ捨てる

選択《せんちゃく》とは、すなわちこれ取捨《しゅしゃ》の義なり
（法然／浄土宗の開祖）

「一つのものを選ぶということは、他のものを捨てるということです。選《せん》択《たく》は取捨と同義語だ」と法然は説いています。そして、この言葉の背景には信仰を選び、ただひたすら信じることで救われる道を示しています。

人生でも選択は、大きな課題です。恋人や友人、仕事、会社など、選択によって様々な結果が生まれてきます。そして一度選んだら他を捨て、選んだものをただひたすら信じるということは、難しいことです。

心から信じられない人については、人情をからめることなく、きっぱりと手放していくこともまた、人生にとって大事なことなのかもしれません。

自分より大きな力にゆだねる

他力《たりき》と言うは、如来の本願力《ほんがんりき》なり
（親鸞《しんらん》／浄土真宗の開祖）

親鸞は、どんなに研鑽《けんさん》を積んでも仏になれないということに気づいた人です。自力で悟ることができないのであれば、阿弥陀仏《あみだぶつ》が誓った本願の力によって信仰が導かれるしかないと考えました。「本願他力」とは、人任せにするということではありません。阿弥陀仏の本願力という自力を超えたものに信頼を寄せて、仏教の教えに従って生きていくことです。

何をやってもうまくいかない時は、自分の立場を優先させることを捨てて、他者の意見・主張を参考にしてみてはいかがでしょうか。周りが自分に何を期待しているかを考えることが、解決の糸口になるかもしれません。

あっという間に月日は過ぎ去る

光陰矢のごとし

（宗峰妙超《しゅうほうみょうちょう》／臨済宗の僧）

宗峰妙超は、京都大徳寺を開山した臨済宗の僧侶で、生涯を坐禅修行に徹した人として知られています。

「月日が経つのはあっという間で、射られた矢がたちまち過ぎ去って、二度と戻らないようなもの。月日はまさに生命そのもので、生きているとも二度とくり返しません。だから、つまらないことに時間を浪費せずに、本来の自己をしっかりと見抜きなさい」

と妙超は修行僧へ説きました。
　私たちも日常生活の中で、してしまった失敗や起こってしまった不幸に、くよくよ悩んでいてはいけません。同じ失敗は二度とくり返さないように、不幸はその現実を受け止めて、今を明るく生きることが大切です。それができれば、自分という人間を見つめて、大きく成長することに繋がるでしょう。

迷いはすべて、我が身の可愛さから

一切の迷いは、皆身《みな》の贔屓《ひいき》故に、迷いをでかしまする
（盤珪／臨済宗の僧）

私たちは自分の短所や無能さを生まれつきだからと言い訳する一方で、思い通りに事が運ばなければ、周囲が悪いと責任をなすりつけます。また、人の心を傷つけた時も、言い訳を並べて自分を正当化します。

よく考えてみれば、その行為は自分をかばおうとする「我が身可愛さ」から生じたものです。自分を可愛く思うことから、すべての迷いが生まれてくるのです。そこに心がとらわれていたら、本当の自分をつかむことも、迷いから脱することもできません。自分と異なる考えの人に対して理解し許容するような、大らかな気持ちで物事を捉えていきたいものです。

愛とは相手を思いやること

「愛は事なり」といえり
（無住《むじゅう》／臨済宗の僧）

愛は人間を支える上で、欠かせないものです。「恋は自分のため、愛は人のためにするもの」と言われるように、愛を人に注ぐことは本能であり、時には義務にもなります。

無住の言う「事」とは、自分の立場を捨てて、相手と同じ境遇になって協調できる心のことです。

仏教では、愛は迷いの元凶として否定されていますが、愛を慈愛とすることで、広く

人々に与えられ、施されるものと捉えることもできます。
自分には与える物やお金がないという人でも、誰かの話し相手になってあげたり、相談に乗ってあげるだけでも、相手を癒して心を温めます。
常に愛のある思いやりの心で人に接すること。それが他を生かし、自分を生かし、共に生きる人たちの心を結びつけてくれるのかもしれません。

天地を包む、大きな心でありたい

大いなるかな心《しん》や。天の高きも極《きわ》むべからず。
しかるに心は天の上に出《い》ず
（栄西／日本臨済宗の開祖）

「人の心はなんと大きなものか。天の高さは果てしないが、心はその天をも超えて、あらゆるものを包む宇宙の様相なのだ」と栄西は説きました。

心とは人間をはじめ、万物が本来そなえている清浄にして無垢なもの。私たちの心は自分のものでありながら、制御するのが難しく、時には自分自身をも苦しめ、翻弄します。心がゆったりとしていれば、ささいな感情にも振り回されずに、自由に伸びやかに生きていけます。大いなる心を持った人は、この世の財宝のすべてを手に入れた以上に幸せなのです。

悪縁は思い切って断ち切ろう

喝

（臨済／臨済宗の開祖）

「喝」は、臨済宗では本来は叱咤《しった》の声とされ、弟子が言葉を差しはさむ余地を与えないために用いられていました。

喝には、一言で私たちの煩悩を断ち切り、現実に向き合わせ、本来の自己に立ち返らせる働きがあります。

私たちは時間の無駄遣いをしている暇はありません。過去や他人を気にして、何となく時間が過ぎてしまったと思う時は、自分で自分に「喝」

を入れましょう。そして限られた時間の中で、自分に何ができるかを問いかけてみてください。自分が無駄なことに時間を使っていると徒労感が募る時は、立ち止まってみましょう。特に悪い結果が見えている悪縁については、断ち切りましょう。そして、大切なことに時間を使うのです。

命を惜しまず、使命を果たす

これは法事のためなり。何ぞ身命《しんみょう》を惜しまん

（鑑真／日本律宗の開祖）

「真実の仏の教えを伝えるためなら、命を惜しんでいられるものか。誰も日本へ行かないのであれば、私が直ちに行くだけだ」という鑑真の言葉。

奈良時代に中国から密航し、僧の規則である戒律《かいりつ》を伝えに来た鑑真は、決心から十二年、六度に及ぶ渡海の末、ようやく来日することができました。しかし、その時には疲労がたたり失明していたといいます。仏教を広めるためなら身命を惜しまない情熱と、真摯な人柄が伝わってきます。

これを成し遂げれば死んでも後悔しない。そういう気迫があれば、多くの困難や失敗があってもくじけず、いつか大きな夢も叶えられるのです。

放下著《ほうげじゃく》

こだわりを捨てよ

（趙州《じょうしゅう》／中国の禅僧）

「自身の経験や知識など、今まで積み重ねてきたものを捨て去りなさい」という意味です。

弟子の一人が「私は厳しい修行を経て、悟りを開くことができた。この先はどのように修行したらいいか」と質問したところ、趙州は「そんな悟りは捨ててしまえ」と返しました。

弟子の悟りは本物ではないことを見破り、厳しく教えたのです。

禅の修行道場では、入門の際に今まで培ったものを一旦すべて捨てさせて、初心に返らせてから入門者を迎えます。
　転職や習い事など新しいことをはじめようとする時に、今までの経験や固定観念が邪魔をすることはよくあります。そんな時は、今までの経験や知識を忘れ、まっさらな心で取り組みましょう。新しい経験を柔軟に受け入れることが成長の鍵になります。

真実は、私たちの心の中に

近くして見がたきは、我が心なり

（空海／真言宗の開祖）

「遠いものや他人のことはよく見えるのに、最も見えていないのが自分の心。自分の心こそが仏そのもので、本来の心は広くて大きいもの。もっと大らかに人生に向かっていかないと、苦しいことばかりになる」と空海は諭します。私たちは自分で勝手な妄想にとらわれているから、心が狭くなり、身動きが取れずに苦しみもがくことになるのかもしれません。

空海の説く「自分の心が仏だ」という教えは、人間を含めた全宇宙に存在しているとされる大日如来《だいにちにょらい》のことを指します。自分の心に宇宙があると思えば、卑屈になることなく、もっと伸びやかに生きていけそうです。

命が尽きれば、自然に還りたい

願わくば花の下にて春死なむ　そのきさらぎの望月《もちづき》のころ
（西行／僧侶・歌人・武士）

西行は春の満月の晩に、大好きな桜の下で臨終を迎えたいという希望を持っていました。そしてまさに希望通りの時に亡くなりました。

西行は桜の花を愛し、賛美する和歌を無数に詠みました。それが「花」といえば桜を指すという、日本文化の潮流を作り出しました。桜は早く散るからこそ美しいという日本独特の感性も、西行が生み出したのです。

命が尽きれば自然に還り、仏様に迎えられるという考え方に立てば、自分の死も他人の死も自然なこととして受け入れられるでしょう。

自分の悪いところには、気づけない

人の悪《わろ》きことは、よくよく見ゆるなり。
我が身の悪きことは覚えざるものなり
（蓮如《れんにょ》／浄土真宗の僧）

何が善くて何が悪いかという判断基準は、つい自分に都合のよいものになりがちです。私たちは、他人の悪い行いには気がつきますが、自分のことになると同じことをしていてもなかなか気がつかないものです。

自分の欠点に気がつかないと、人間関係で苦労します。まずは自分本位な考え方や生き方を改め、人の言うことに耳を傾けて、素直に聞き入れてみましょう。そうすることで、対立や争いが回避されます。「我」を捨てた時に、善悪を超えた本当の人づき合いの価値が見えてくるのです。

学ぶことは心を真っ直ぐにすること

学問するは心を直さんがためなり
（叡尊《えいそん》／真言律宗の僧）

叡尊の生きた十三世紀は、一般の人は文字が読めず、書物から文字を学ぶことが学問とされていたようです。「万巻の書物を読むだけでは心を直せない。学ぶとは心を真っ直ぐにすること」と叡尊は説きました。

現代においても、学ぶことは人生を豊かにします。しかし、知識ばかりを詰め込んでも、人格を磨くことに繋がらなければ、学んだとは言えません。学ぶとは、人の欲望がどれだけ人生の害になっているかを知ることです。だから、学ぶほど心が素直になっていくのです。素直で汚れのない本来の心に立ち返り、心の自由を取り戻しましょう。

僧・高僧と呼び名

僧侶の呼び名は、宗派によって違います。和尚は天台宗では「かしょう」、浄土宗と臨済宗、禅宗系統では「おしょう」と読みます。法相宗・真言宗では「わじょう」、律宗では発音は同じ「わじょう」ですが字は和上と書きます。曹洞宗は方丈（ほうじょう）、日蓮宗はお上人（じょうにん）と呼びます。

高僧は天台宗や真言宗では阿闍梨（あじゃり）、禅宗系統では老師（ろうし）と尊称で呼ばれます。

また寺の代表者ならば、住職と呼べば宗派は特に関係ありません。

第四章
心がふっと軽くなる言葉

お互いを尊重し合う

和敬清寂《わけいせいじゃく》
（村田珠光《じゅこう》／茶人・僧）

茶室の掛け軸でよく見られる言葉です。主人と客がお互いの心を和《やわ》らげて敬い合う心得、また茶道具や茶室、庭を清浄な状態に保つ心得として知られています。この言葉は、のちに千利休によって茶禅一味《ちゃぜんいちみ》の境地を表すものとして広く説かれることになります。

茶席に入ってしまえば身分も立場もなくなり、皆が平等の関係になります。すべてのしがらみを捨てて、一服の茶に向き合うのです。

日常生活でもお互いを尊重し、慎み、和をもって共に生きる。その考え方が根底にあれば、私たちはより豊かな人間関係を築けるはずです。

苦しみを抱える人こそ救われる

善人なおもて往生《おうじょう》をとぐ、いわんや悪人をや

（親鸞／浄土真宗の開祖）

「善人だって極楽浄土に往《ゆ》けるのだから、まして悪人が往生できないわけがない」。これは、悪人こそが救われるという親鸞の有名な言葉です。

悪人は自分の業《ごう》の深さに自覚があるので、何か自分を救う絶大な力があれば、すがりたいという気持ちに導かれやすいというのです。親鸞は阿弥陀如来が必ず浄土に往生させてくれるという疑いのない心に気づいた時点で、その人は往生できると説いています。

自分の過ちを謙虚に認める心があれば、周りもそれ以上は責めないもの。その姿勢が、あなたの人間性を磨いていくのです。

星まつり
天の川
七夕
まつり
まつり
天の川

心を磨いて、社会を照らす人になれ

一隅《いちぐう》を照らす、此《こ》れ則《すなわ》ち国宝なり
（最澄／日本天台宗の開祖）

「一寸（3・03センチ）の玉《ぎょく》10個は、国の宝ではない。道を求めて精進し、社会の片隅を照らす人が、国の宝である」。最澄の言葉の中で、最も有名なものです。

最澄が生涯目指したのは、菩薩僧《ぼさつそう》の育成でした。菩薩僧とは悟りを求めて修行し、多くの人のために心身を捧げ、世の中を良くしていく人のことです。そして、菩薩僧の教育は、僧だけでなく一般人に

も向けられました。菩薩の心を目標にする人ならば、誰であっても差し支えないという考えからでした。

立派な人がいると、その周りが光り輝きます。そしてその光が集まって国も輝き、平和になるのです。

どんな財宝よりも、人を「社会の宝」と見る。この最澄の言葉は、今も日本人の精神文化の支えになっています。

澄んだ心なら出会うものすべてが宝物

眼明《まなこ》らかなれば、途《みち》に触れて皆宝なり
（空海／真言宗の開祖）

「欲望や損得勘定などで心が暗くなっている時は、何もかもが悪いものに感じられる。一方、心に曇りがない時は、見るもの聞くものすべてが宝となる。自分本位の心をなくして、考え方や受け取り方を変えれば、つらいことの一つひとつが心の栄養になる」という意味です。

人の心は移ろいやすいものです。今は曇りのない目で物事を見ていても、いつまた曇ってしまうかもしれません。自分の周りでトラブルが増えてきたと思ったら、それは自分の心が暗くなってきた合図。心の曇りを見つめ、発想を転換してみましょう。

短気にならず、しっかり働き、色欲・食欲は控え、心を広くもつ

気は長く　勤《つと》めは堅く　色うすく　食は細うして　心ひろかれ
（天海／天台宗の僧）

徳川家三代に重用され、百七歳という天寿を全うした天海。家康から長生きの秘訣を聞かれた時に、こう答えました。

「短気を起こさず気持ちを穏やかに持って、しっかりと真面目に働いて、男女関係は節度を保って色欲におぼれず、食は贅沢をせずに粗食で腹八分目にし、心を自由にゆったりと保って生きなさい」。

これは、不健康に陥りがちな現代人にも必要な心得です。何に対してもほどほどに向き合うこと。それだけで精神的に随分とラクになれるのです。

この世は仮の住まいと思えば気楽になる

此世《このよ》の人、来たとおもえば、苦労もなし

（沢庵／臨済宗の僧）

沢庵漬けの考案者としても有名な沢庵和尚の言葉です。「人間として、この世に客という立場でやって来たと思えば、苦労に思うことはないもの。満足できる食事が出されたら、ご馳走だと思っていただき、満足できない時でも自分は客として来ている立場であるから、不平を言わず食べねばならない。…死ぬ時は心を残さず、さらりと辞去《じきょ》せねばならない」と続きます。

また死の間際には「夢」という一字を書き残したと伝えられています。沢庵にとって、この世は夢のような、仮の住まいだったのかもしれません。

人生が夢であるならば、地位や財産にしがみつき、誰彼となく諍《いさか》いを起こして生きていても仕方がありません。

子や孫、兄弟をはじめ、周りの人々と仲良く暮らし、少しでも明るい未来をつくるために努力をしたいものです。

どんな時も心を整えて過ごす

客に接するは独りおるがごとく、独りおるは客に接するがごとし

（釈宗演／臨済宗の僧）

明治から大正時代を生きた釈宗演は、アメリカで初めて参禅を行うなど、海外に禅を広める道を拓いた人として知られています。

私たちは人と一緒だと相手につられて、つい悪口を言ってしまったり、調子に乗ったりと、その場の雰囲気に流されてしまうことがあります。また、一人でいると気がゆるみ、生活がだらしなくなることもあるでしょう。

この言葉は、人と接している時でも、自分一人でいる時も、いつも心を落ち着けて、きちんと振る舞い過ごすことを説いています。常に自分を見失わずに心を律して過ごせば、自ずと人格も磨かれていくでしょう。

見返りなど求めない

無功徳
（達磨／中国禅宗の開祖）

中国の皇帝・武帝が「即位してから寺院や仏像をつくり、写経をして多くの僧侶を育てている。この善行にはどんなご利益があるか」と尋ねたところ、達磨は「何もご利益はない」と突き放したと伝えられています。

私たちも神仏に願う時は、何らかのご利益を期待しています。しかし、達磨はご利益を求める信仰は本物ではないと否定します。見返りを求めずに、ただ神仏を信じること。その心に本当の功徳が満ちると言います。いつもありがたいと思って物事を見ると、怪我をしても病気をしても感謝して生きることができる。その生き様こそ、無功徳ということなのです。

人の評判は一瞬の幻のようなもの

今日ほめて明日わるく言う人の口なくも笑うもうその世の中

（一休／臨済宗の僧）

「とんちの一休さん」として親しまれている一休宗純《いっきゅうそうじゅん》の言葉。ある富豪の家での盛大な法要に、一休が主賓《しゅひん》として招かれた時のことがもとになっています。

朝方、一休が質素な衣を着て托鉢に訪れると、乞食坊主と見なされ追い返されました。昼頃、上等な法衣《ほうえ》に着替えて出向いたところ大歓迎を受けます。膳の前に法衣を脱ぎ、食事に箸をつけない一休に富

豪が訳を尋ねると、「私がこの家に迎えられたのは、この法衣を着ているからです。法衣にご馳走しなさい」と言ったそうです。人を見かけで判断する富豪に反省を促しました。
　人の評価は変わりやすく、その度に一喜一憂するのは愚かなこと。それが原因で喧嘩になることも避けたいものです。他人に振り回されずに、本当の自分と向き合うことの大切さを教えています。

この世は思うようにいかないもの

昨《きの》は富みて、今《きょ》貧し
（源信／天台宗の僧）

「願っていることと実際は違い、この世は楽あれば苦ありである。金持ちが必ずしも長生きではないし、長寿な人が金持ちであるとは限らない。また、昨日は金持ちだった人が、一転して今日は貧乏になってしまうこともある。朝生まれて夕方には死んでしまう人もいる」と源信は説きました。

この世は、家族との死別や別離、失職や病気や事故などに振り回される苦しい世界ですが、死後に往く極楽浄土はどんな願いでも叶う素晴らしい世界だと源信は言っています。そのことを心に刻み、人生の浮き沈みに耐えられる強く優しい人間になりなさいと教えています。

手ぶらで生きる

本来無一物《ほんらいむいちもつ》

（慧能《えのう》／中国禅宗の第六祖）

寺の後継者を決める漢詩の試験で当時、見習いの慧能が示した言葉です。後継者として有力視されていた神秀《じんしゅう》より優れているとして、弟子たちの間に動揺が走りました。周りからの嫉妬で危害が及ぶことを恐れて、師は密かに慧能を跡継ぎだと指名して、寺から逃がしたと伝えられています。

人の真実の姿は、もともと何もなく、悩みも悟りも超えた絶対的に自由な境涯《きょうがい》です。仏教では、人は常に煩悩によって悩まされていますが、本来は煩悩そのものも無いのだと慧能は言います。「無心」に立ち返れば、こだわったりとらわれることなく、正しくものを見ることができるのです。

本当の自分を見つけ出せ

一無位真人《いちむいのしんにん》

（臨済／臨済宗の開祖）

臨済禅の代名詞となる言葉で、いかなる枠にもはまらず、一切の範疇《はんちゅう》を超えた自由人のことを指します。

「人間の体の中に、一人のどこにもとどまらない真人（仏心）がいる。彼は、朝から晩まで五官を通して出たり入ったりしている。それをまだ見たことがない者は、見よ、見よ」と言葉が続きます。これこそ禅者が求めるべき、真実の自己なのだと臨済は言います。

人が迷いや妄想にとらわれてしまうのは、自分の中にある純粋な自己、すなわち「無位の真人」を見失っているから。私たちは自我を自分だと勘違いしていますが、花や月を見たり、鳥の声を聞いて、美しいと感じ、雪を冷たいと経験することで自己が形成されます。悩み、苦しみの原因はすべて自分の中にあると気がつき、真実の自己を見つけることです。

必要なものだけあればいいと考える

一切を捨離すべし
（一遍／時宗の開祖）

人間は本来何もない状態で生まれ、死んでゆく。何かにとらわれたり、執着したりしないことが悟りへの一歩だと慧能《えのう》は説き、「本来無一物」という言葉を残しました。

一遍はその教えを受け継いで、地位や名誉、財産にこだわらず、必要以上に追い求めてはならないと言っています。

一方で、他人に与えた喜びは人の心に刻まれます。大切なのは何を所有したかではなく、他人に何を施したかなのです。穏やかで幸せに暮らすには、自分に本当に必要なものを見極め、そこに満足することが大切です。

私の命を大自然にお返しする

形見とて　何か残さん　春は花　夏ほととぎす　秋はもみぢ葉

（良寛／曹洞宗の僧）

晩年の良寛が周りの人から乞われて、残した辞世の句です。

「自らの形見として何を残そう。私の故郷の四季折々の美しい自然と、その自然を感じることのできる心。そこに自分の命も還っていく」と表しました。またこの歌は、日本曹洞宗の開祖・道元の「春は花　夏ほととぎす　秋は月　冬雪さえて　冷《すず》しかりけり」を元歌にしています。自然に生き、自然に還るという死生観と、道元への尊敬が織り込まれています。

二人の禅者はあるがままの四季の美しさの中に、この世の真実の姿があると悟ったのです。

日本初の尼僧・善信尼《ぜんしんに》

飛鳥時代、十一歳の時に日本で初めて仏門に入った善信尼《ぜんしんに》。当時の権力者の物部守屋《もののべもりや》が仏殿を焼き払い、焼け残った仏像を井戸に投げ捨てた行為（廃仏《はいぶつ》運動）に対して、善信尼はこう叫びました。

「ああ、おやめください！」

この時、「ザーッ」と急に雨が降り出します。上空に雲がないにもかかわらず、風が吹き雨が降り注ぐ、天泣《てんきゅう》現象が起こったと伝えられています。

これに腹を立てた守屋は、善信尼と共に出家した恵善尼《えぜんに》と禅蔵尼《ぜんぞうに》の三人の幼い尼の法衣を剥《は》がし、駅舎で鞭打ちの刑に処します。

この屈辱的な迫害にも、善信尼は信仰心を失うことはありませんでした。その後、十五歳で百済《くだら》で戒律《かいりつ》を学び、正式な尼となります。

帰国した善信尼は、蘇我馬子《そがのうまこ》が用意した大和国桜井寺に住します。そして日本初の僧や尼を続々と輩出し、仏像・寺、僧と尼を揃え、日本仏教の信仰の礎を築きました。

第五章
力が湧いてくる言葉

人生は移ろいゆくもの

月はかけて満ち、潮はひいて満つこと疑いなし

（日蓮／日蓮宗の宗祖）

日蓮は五十歳の時に、鎌倉幕府より死罪を言い渡されましたが、処刑の直前に放免され佐渡に流されるという、生と死の狭間を体験しました。「月は欠けてもやがては満月になり、潮も引いてはやがて満ちます。人生もまた同じです。今、苦難の日々を送っていても、やがて幸福な日々が訪れます。何も嘆き悲しむことはありません」と日蓮は語ります。

日蓮は流罪される直前に、人生は苦行だと思えば何でもないという心境でいました。私たちも小さなことに悩み苦しむことをやめ、人生の波に身も心もゆだねて生きていきましょう。

運不運は人の心掛け次第

吉凶《きっきょう》は人によりて、日によらず

（吉田兼好／歌人・随筆家・僧）

冠婚葬祭に際して「大安」「仏滅」を考慮する人は多いものです。それが意味のないことだと分かっていても、縁《えん》起《ぎ》を担ぐ考えを無下に否定はできません。

吉田兼好が生きた鎌倉時代にも人々が占いに関心を寄せ、運命は自分ではどうにもならないという風潮がありました。特に「赤舌日《しゃくぜつにち》」という日にすることは、何事もうまくいかないとされていました。

それに対し兼好は、運不運や成功・失敗は、人の行いの結果によるものであって、暦《こよみ》の日柄《ひがら》や占いによるものではないと説いています。

自分の身に起きることは、すべて自分自身に原因があると仏教では考えます。吉凶は自分の心掛け次第だと考えれば、占いに一喜一憂することもなく、努力や研鑽を積む事ができるでしょう。

自分の弱い心に挑む

己《おの》に勝つを賢《けん》とし、己が心に負けて悩むを愚《ぐ》とす

（鈴木正三《しょうさん》／曹洞宗の僧）

正三の言う「己れに勝つ」とは、自分の心に勝つことです。「自分の心に勝つ者は賢者であり、自分の心に負けて悩む者は愚者である」と、自己統制の大切さを説いています。

心に浮かぶ雑念や妄想を認識し、自分の心をコントロールしていけば、どのような困難も乗り越えていけます。一方、不安や保身に陥り、心がくじけてしまえば、人生の様々な場面で思い悩むことになるでしょう。難局にひるみそうになる心を奮い立たせ、最善を尽くすことが、成功へと導きます。自制心を持つことで、自由に伸び伸びと生きられるのです。

将来を思うより今を生きる

たとい七八十《しちはちじゅう》の齢《よわい》を期《き》すとも、
おもえば夢のごとし
（法然／浄土宗の開祖）

平安時代から鎌倉時代を生きた法然は、「南無阿弥陀仏《なむあみだぶつ》」と念仏さえ唱えれば救われると説き一般民衆に浄土宗の教えを急速に広めた人物です。

弟子の起こした不祥事により、法然は七十五歳の時に讃岐《さぬき》（香川県）に流刑になりました。七十九歳で帰京を許されましたが病床に臥《ふ》し、八十歳で亡くなっています。

「たとえ七、八十歳の長寿を数えても、人の一生など夢の

ようなもの。死はいつどのように訪れるか分からない。寿命に心砕くより、一日一日を大切に過ごすべきだ」と法然は説いています。

流刑に際してもなお、「地方の人たちに布教するのが年来の夢であった、この機縁がなければ伺えなかった」と流罪の地でも布教に励みます。

私たちも今に焦点を当て、どんな境遇になろうとも能動的な生き方をしたいものです。

主体性を持てば、立っている場所が真実になる

随処《ずいしょ》に主《しゅ》と作《な》れば、立処皆真《りっしょみなしん》なり

（臨済／臨済宗の開祖）

臨済宗の宗祖・臨済による有名な言葉。「いつでも、どこでも、いかなる状況にあっても、主体性を持って自らを投じれば、あなたのいる場所がすべて真実になり、道が拓《ひら》ける」という教えです。

この主体性とは、周りの変化に振り回されることなく、自分の考え方や思想、生き方をしっかり確立することを指します。そのためには、自分を信じて行動すること。自分の置かれた状況の中で、順応しながら生き切る大切さを説いた名句です。

いつも平常心で

平常心《びょうじょうしん》というは、
此界《しかい》、他界《たかい》といわず平常心なり
（道元／日本曹洞宗の開祖）

武士や商人の間で人生訓の一つとして語られてきた、道元の言葉です。

何かを成功させたいと思った時、私たちは成功の確率が高い機会を探して、その勢いで事に挑みます。確かにそれで思い通りに事が運ぶこともありますが、そのほとんどは思い通りにはなりません。機を狙い、勢いにまかせるだけでは、現実はうまくいかないものです。

道元は、その答えは日常の中にあると説いています。
「何かを得るためには、特別な事をするのではなく、日頃からコツコツと積み重ね、誠心誠意をもって生きることが大切である。それが日常となった時に、努力の積み重ねとして、自然に成功へ繋がるようになる」と言うのです。
常に誠心誠意を心掛けて日常を生きることが、成功を導く心構えなのです。

探し求めれば、きっと夢は叶う

愁《うれ》うることを須《もち》いざれ、宜しく方便を求めて必ず本願遂ぐべし
（鑑真／日本律宗の開祖）

鑑真は中国から苦難の末に日本に渡り、仏教を広めました。その渡航は決心から十二年で六度に渡る命懸けのものになりました。「思い悩まず未来の可能性を信じて、あらゆる方法を探し続けて、必ず夢を叶えなさい」という言葉を残しています。

鑑真の生き様は、たった一度の人生を精一杯生きるために、夢を持ったら、わき目もふらずに立ち向かっていくことの大切さを教えてくれます。人は夢のあるなしで、幸福感や人生の展開が大きく変わります。鑑真のように、夢の実現に向けて心を踊らせながら、日々を生きたいものです。

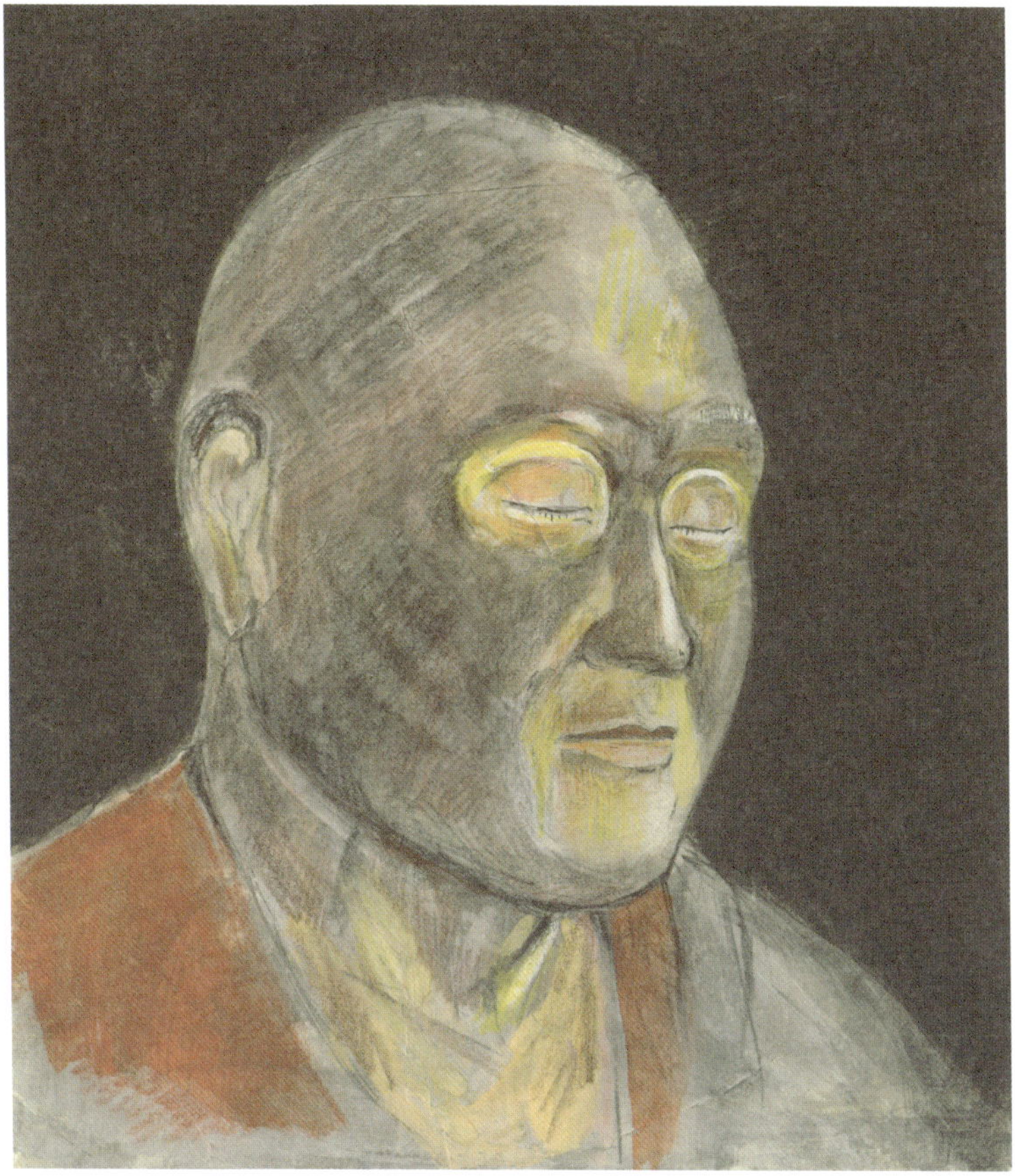

野に咲く草花のように生きる

死ぬ時節には死ぬがよく候

（良寛／曹洞宗の僧）

　良寛が七十一歳の時に、越《えち》後《ご》（新潟県）の三条で大地震が起き、死者千五百人以上、倒壊家屋一万三千余軒の大惨事になりました。友人からの安否を気遣う手紙への返事に、良寛はこう綴《つづ》りました。

「災難にあったら慌てず騒がず、災難を受け入れなさい。同じように死ぬ時が来たら、静かに死を受け入れなさい。これが災難にあわない秘訣です。自然の摂理には逆らえな

い。肚《はら》を据えるしかない」と悟りを述べています。
私たちは誰もが災難や死から逃れたいものですが、自然の摂理には逆らえません。恐怖に抗《あらが》おうと肩に力が入れば、さらに恐怖心が増します。
野に咲く草花のように、自然の流れをあるがままに受け入れる。そうすることで心の平穏を得る事ができるのだと、良寛は教えています。

旅立つのは、あなた一人じゃない

我もゆき人もゆく。ただこれ一生は、夢の如く、幻の如し

（一休／臨済宗の僧）

応仁の乱で西の総大将を務めた山名宗全《やまなそうぜん》の臨終に際して、一休は枕元で「汝《なんじ》すでに末期なり」と言い、こう続けました。

「あなたはもうじき死ぬだろう。だけどあなただけじゃない。私も逝《ゆ》き、他の人たちも逝くのだから不安になることはない。名誉や業績など色々成し得たことはあったけど、人の一生は夢、幻だよ。喝《かーつ》！」。宗全は一休の言葉を聞いて、安心したように往生したと伝わっています。

型破りな生き方をした、一休ならではの言葉です。仏様のもとへ帰ることは感謝と安らぎの境地であり、死は怖くないことを一休は伝えています。

嘘をつかないことが長生きの秘訣

人は長生きせんと思えば、
嘘をいうべからず。
嘘は心をつかいて、
少しの事にも心を労《つい》やせり。
（夢窓疎石／臨済宗の僧）

「一度嘘をつくと、それをごまかすために、また嘘を重ねる。それが大事となって、取り返しのつかないことにもなりかねません。また、嘘に心が煩わされると、大きな負担にもなります。心を疲れさせるような嘘をつかないことが、長生きの秘訣です」と夢窓は述べます。

私たちは嘘をつくと、少しずつ心が痛みに蝕《むしば》まれます。

そしてついた嘘を見抜かれな

いようにと、言葉や行動に余計な心労が重なってしまうのです。
社会生活を送っていると、嘘をつかざるをえないこともあります。しかし、嘘をつかないように心掛けることで、心の健全さを保つことができます。心身が穏やかになれば、長生きに繋がるでしょう。周りに合わせすぎず、自分に正直に生きることが大切です。

死んだその日が定命《じょうみょう》

鶴は千年、亀は万年、我は天年
（仙厓《せんがい》／臨済宗の僧・絵師）

江戸時代の臨済僧の仙厓は、多くの絵画を残したことでも有名です。禅の境地をユニークな詩文や書画で表現した作品が残っています。

鶴と亀は長寿の象徴として描かれますが、仙厓は千年も万年も生きることは望んでいなかったようです。自分は天から授かった寿命をただ全うするだけだと考えていました。

私たちは歳を重ねるにつれて、何歳まで生きられるのだろうかと不安になります。そんな時は「我は天年」と自分に言い聞かせましょう。死んだその日が定命だったという感覚で、安穏《あんのん》とした日々を過ごしたいものです。

どんな苦境も耐え抜いて

耐え難きを耐え、忍び難きを忍び

（山本玄峰《げんぽう》／臨済宗の僧）

終戦時の天皇陛下の玉音放送で知られる有名な言葉。当時の首相・鈴木貫太郎の相談役を務めた玄峰の手紙が、詔勅《しょうちょく》に影響を与えたと言われます。「いよいよ戦争終結することになって結構なことだ。あなたの本当のご奉公はこれからであるから、まあ忍び難きをよく忍び、行《ぎょう》じ難きをよく行じて、一つ身体に気を付けて、今後の日本の再建のために尽くして頂きたい」。

私たちも自分に求められた役割があった時に、未来にどんな苦境が予測されても、人に尊ばれる道を進める人でありたいものです。

幸せは人に分ければ分けるほど大きくなる

己を忘れて他を利するは
慈悲の極みなり
（最澄／日本天台宗の開祖）

日本仏教の礎を築いた天台宗の開祖・最澄は、自分の幸せを忘れて人や世の中を幸せにする「忘己利他《ぼうこりた》」の教えを追求しました。

「自分のことは後にして、まず人が喜ぶことをするのが、慈悲の究極のあり方である」この言葉にもその信念が語られています。

人に接する時は、いつも自分の利害から離れて行動できるようになりたいもの。

たとえば、ボランティアとして奉仕活動に参加する人がいます。困っている人を少しでも手助けしようと、心身を捧げて、力を注ぐ人たちの姿は素晴らしいものです。その先には、自分一人のことだけ考えていては得られない大きな達成感や喜びがあるでしょう。自我を手放し、真摯な心で社会に貢献すること。そこに真の幸せがあるのだと、最澄は教えています。

心を広く、広く、もっと広く

かたよらない心、こだわらない心、とらわれない心、
ひろく、ひろく、もっとひろく、これが般若心経、空《くう》の心なり
（高田好胤《こういん》／法相宗の僧）

昭和時代に奈良・薬師寺の管主として、ユーモアに富んだ分かりやすい法話で茶の間の人気を博した高田好胤。この言葉は、修学旅行で薬師寺に訪れた小学生や中学生に、般若心経の「空」について説いた法話の一節。「空」という心と考え方を「かたよらない心」「こだわらない心」「とらわれない心」という簡潔な言葉で表現しています。

この世の苦から逃れるためには、些細《ささい》な事にとらわれず心を素直に広く持つことが大切です。広い心を持って生きていけば､幸せになれるのです。

この本に出てくる『高僧』一覧

［監修］武山 廣道（たけやま こうどう）

1953年生まれ。73年、正眼専門道場入門。天下の鬼叢林（おにそうりん）といわれた正眼僧堂にて多年修行。96年4月、白林寺住職に就任。2011年3月、全国宗務所長会会長就任。12年､臨済宗妙心寺派宗議会議員･名古屋禅センター長・文化センター講師など宗門の興隆に勤しむ。監修書に『心があったまる般若心経』『禅語エッセイ』『くり返し読みたい禅語』『お寺の教えで心が整う 禅に学ぶ 台所しごと』『はじめて読む禅語』『すみっコぐらしの毎日がしあわせになる禅語』『しあわせはいつもそばに』（以上、すべてリベラル社）などがある。

［画］臼井 治（うすい おさむ）

日本画家、日本美術院 特待。愛知県立芸術大学大学院美術研修科修了。師は片岡球子。愛知県立芸術大学日本画非常勤講師、同大学法隆寺金色堂壁画模写事業参加を経て、現在は朝日カルチャーセンターなどで日本画の講師を務める。また、国内のみならずリトアニア、台湾など海外での個展も開催。近年は、坂東彦三郎丈の｢坂東楽善｣襲名披露引出物扇子原画制作など多岐にわたり活躍中。

［参考文献］

日本の名僧名言集（講談社）／名僧百言（祥伝社）／名僧名言辞典（東京堂出版）／名僧「100文字」の教え（三笠書房）／人生の問題がすっと解決する 名僧の一言（三笠書房）／心のルネッサンス！名僧、101の名言（成美堂出版）／まごころ説法（徳間書店）など

監修　武山廣道
画　臼井 治
装丁　宮下ヨシヲ（サイフォン グラフィカ）
本文デザイン　渡辺靖子（リベラル社）
編集人　伊藤光恵（リベラル社）
営業　津村卓（リベラル社）

編集部　堀友香・上島俊秀・山田吉之・高清水純
営業部　津田滋春・廣田修・青木ちはる・榎正樹・澤順二・大野勝司

くり返し読みたい 高僧の名言

2018年10月29日　初版

発行者　隅田直樹
発行所　株式会社 リベラル社
〒460-0008 名古屋市中区栄3-7-9 新鏡栄ビル8F
TEL 052-261-9101　FAX 052-261-9134　http://liberalsya.com

発　売　株式会社 星雲社
〒112-0005 東京都文京区水道1-3-30
TEL 03-3868-3275

印刷・製本　株式会社 チューエツ

　ISBN978-4-434-25290-7